MEMOIRE.

POUR Chriſtophle Jocquet de la Chapelle, Ecuyer, Controlleur ordinaire des Guerres, Apellant, Intimé, Demandeur & Défendeur.

CONTRE Jacques Hardouin Manſard, comte de Sagonne, & Magdelaine Dugny, Intimez, Apellans, Défendeurs & Demandeurs.

ET encore contre Pierre Chemin, cy-devant Comedien, Intiné, Apellant, Défendeur & Demandeur.

ET contre M. le Procureur Genéral, Apellant à minimâ.

CE qui raſſuroit le ſieur de la Chapelle contre les intrigues de ſes Accuſateurs, & ce qui l'a encouragé à pourſuivre avec fermeté le payement des ſommes qui lui ſont légitimement dûës par les Sieur & Dame Manſard, & le nommé Chemin, & à refuſer conſtament le ſacrifice d'une partie de ſes créances, c'eſt que non-ſeulement ſon innocence a été reconnuë après une inſtruction très-ample ; mais encore les Accuſateurs convaincus enfin de l'injuſtice de leurs plaintes, s'étoient réduits à des Lettres de Reſciſion contre les engagemens qu'ils avoient contracté, & dont ils demandent à la Cour l'entherinement.

Au moment que le ſieur de la Chapelle devoit obtenir juſtice, tant ſur la réparation proportionnée à l'injure, que ſur les ſommes portées par les obligations qu'il repreſente, & dont il demande le payement, a paru l'Apel *à minimâ*, dont la Dugny menaçoit le ſieur de la Chapelle depuis long-tems.

Un tel évenement paroît ſingulier ; mais ce qui eſt encore plus extraordinaire, c'eſt que cet Apel ne ſoit fondé que ſur une ſimple eſperance d'acquerir des preuves par une plus ample information. Les concluſions de M. le Procureur Genéral ſur cet Apel *à minimâ*, ne tendent qu'à un plus amplement informé pendant trois mois. Par conſéquent, c'eſt déja un préjugé de l'inſuffiſance des preuves du crime d'uſure, dont des Débiteurs de mauvaiſe foy ſe ſont aviſez d'accuſer le ſieur de la Chapelle, pour ne point payer ce qu'ils lui doivent.

Le ſieur de la Chapelle n'apréhende point la plus ample information ; mais il eſt bien triſte qu'un homme parvenu à une grande vieilleſſe, avec une réputation entiere, ait été decreté, empriſonné à

A

85 ans, & qu'après quatre années de procedures, ce même vieillard qu a quatre années de plus, soit encore exposé à 89 ans à une plus ample information, dont le fruit seroit de differer le payement des Obligations qui lui sont dûës.

C'est dans de telles circonstances, que sans s'écarter du respect dû au grand Magistrat, chargé du ministere public, l'on entreprend de prouver que cet Apel ne doit point suspendre la justice que le sieur de la Chapelle attend de l'équité de la Cour. Pour le faire avec succès, l'on rendra un compte exact & fidele de l'instruction faite au Châtelet, du prononcé de la Sentence, des differentes apellations respectivement interjettées, des conclusions prises par les Parties, sur lesquelles il s'agit de prononcer; & par des refléxions naturelles & solides, l'on confondra les Accusateurs, & l'on fera triompher l'innocence.

F A I T.

Le sieur de la Chapelle est Controlleur ordinaire des Guerres; il a mené une vie douce & tranquille, passant la meilleure partie de l'année à sa maison de campagne, se contentant d'un très-petit apartement à Paris où il venoit rarement. Si l'on en croit les Accusateurs, le sieur de la Chapelle a toujours été grand économe, ne faisant point de ménage à Paris, se mettant en pension, acceptant volontiers les repas qui lui étoient offerts.

Une si grande économie paroît criminelle au sieur Mansard & à sa femme; une conduite totalement opposée, produit toujours des sentimens differens.

Il n'est pas étonnant que cette grande économie tant de fois reprochée au sieur de la Chapelle par ceux qui se font honneur de leur dissipation; ait produit des épargnes considérables, & que plusieurs personnes ayent eu recours au sieur de la Chapelle dans leurs besoins.

Differens motifs paroissent avoir déterminé les prêts faits par le sieur de la Chapelle; aux uns, c'est la parenté & l'alliance; aux autres, c'est l'amitié.

Les Accusateurs ont eu soin d'instruire les Juges des motifs qui avoient engagé le sieur de la Chapelle à leur prêter de l'argent. Le sieur de la Chapelle étoit en pension chez la Duclos avant & depuis son mariage; & les Sieur & Dame Mansard l'invitoient journellement à dîner, il faisoit bonne chere, sans qu'il lui en coutât rien, ce sont leurs expressions; après le repas, la Dame Mansard conduisoit le sieur de la Chapelle dans son cabinet; c'est-là que tête à tête elle engageoit le sieur de la Chapelle à lui prêter l'argent dont elle avoit souvent besoin.

Ces differens motifs qui paroissent avoir déterminé les prêts faits par le sieur de la Chapelle, ne peuvent faire présumer de l'usure, au contraire ils sont par eux mêmes capables d'exclure jusques au moindre soupçon. Il n'y a que le gain qui détermine un Usurier à prêter, il n'y a que le profit qui l'enchante, il n'est point sensible à d'autres charmes, un Uſurier ne connoît ni parens ni amis, ſes Débiteurs ſont toujours des étrangers dont il ne connoît que la fortune & le domicile ; & l'on ne voit entre le Débiteur & le Créancier d'autre liaiſon que celle qui ſe forme lors de l'emprunt & lors du payement.

La voye publique s'éleve toujours contre les Uſuriers, autant qu'ils ont de débiteurs, autant ils trouvent de témoins, & ſouvent autant de Parties. Les Sieur & Dame Manſard ont voulu ſuivre cette route, preſque toujours ſûre ; cependant de tous les débiteurs du ſieur de la Chapelle qui ſont au nombre de ſix, les Sieur & Dame Manſard n'ont pû corrompre que le nommé Chemin Comédien, & chaſſé de la Troupe ; il a bien voulu leur ſervir de Témoin, enſuite il s'eſt rendu Partie, & ce qui eſt très-important, c'eſt que le prêt fait au nommé Chemin par le ſieur de la Chapelle, eſt fait conjointement & ſolidairement à la Duclos, qui a certifié que le prêt qui leur a été fait par le ſieur de la Chapelle, n'étoit point uſuraire.

La Dame Manſard dont on connoît le génie & le caractere avoit conçû de grands projets ſur la ſucceſſion du ſieur de la Chapelle, qui ne paroiſſoit point éloignée ; il n'a point d'enfans, elle croyoit obtenir la préference ſur un frere, elle ſe flatoit qu'après pluſieurs emprunts elle parviendroit à ſe faire donner le fonds pour une rente viagere ; le grand âge du ſieur de la Chapelle juſtifie que ce marché auroit été avantageux.

De l'aveu des Sieur & Dame Manſard, ils ont bien regalé le ſieur de la Chapelle, & ſouvent ſans qu'il lui en coûtât rien. Le 9 Aouſt 1728. ils ont engagé le ſieur de la Chapelle de leur prêter 3000 liv. par une Obligation dont il y a minute.

Le 3 Octobre de la même année, autres prêts d'une ſomme de 3300 liv. par autre Obligation, dont il y a également minute.

Une ſomme de 6300 liv. ne faiſoit point ceſſer les beſoins des Sieur & Dame Manſard ; car outre les grandes dépenſes de la table & des équipages, ils avoient des affaires importantes à faire juger ; ils obſédoient perpetuellement le ſieur de la Chapelle pour obtenir de lui de nouveaux ſecours ; ils continuoient de le bien regaler ; à la ſuite de ces repas, la Dame Manſard conduiſoit le ſieur de la Chapelle dans ſon cabinet, tout ce qu'elle a pû obtenir pendant près de deux années, c'eſt qu'en huit differentes fois le ſieur de la Chapelle a prêté une ſomme de 2200 liv. dont ils lui ont fait huit billets ſolidaires.

En 1730. le ſieur de la Chapelle a voulu être payé, il a fait faire deux commandemens aux Sieur & Dame Manſard ; pour arrêter ces pourſuites, ils propoſerent au ſieur de la Chapelle de compter, & qu'ils lui donneroient des ſûretez.

Le 23 May 1730. il y eut un compte pardevant Notaires, qui fixe les créances du ſieur de la Chapelle à 8500 liv. Les deux Obligations étoient de 6300 liv. il y avoit huit billets qui montoient à 2200 liv. Les Sieur & Dame Manſard s'obligerent de remettre au ſieur de la Chapelle pour 20000 liv. de Contrats ſur l'Hôtel de Ville, qu'ils devoient retirer des Conſignations.

Cette ſûreté promiſe n'a point été fournie, les Sieur & Dame Manfard firent entendre au fieur de la Chapelle qu'il perdroit les 8500 liv. s'il ne les mettoit en état de terminer toutes leurs affaires ; ils lui firent voir par la repréfentation du riche Inventaire fait après la mort du pere, qu'il y avoit fûreté entiere à leur prêter, qu'il ne s'agiffoit que de les mettre en état de faire valoir leurs droits. Le fieur de la Chapelle prêta par Obligation du 19 Aouft 1730. une fomme de 7362 liv.

La Dame Manfard avoit perdu l'efperance de devenir l'heritiere du fieur de la Chapelle, par les commandemens qu'il avoit fait faire, elle ne pouvoit pas douter que le fieur de la Chapelle fe feroit payer des fommes par lui prêtées. C'eft pour prevenir les pourfuites du fieur de la Chapelle, que les Sieur & Dame Manfard fe font avifez le même jour de l'emprunt des 7362 liv. de rendre plainte, par laquelle ils expofent que le fieur de la Chapelle ne leur a prêté en 1726. que 3050 liv. que cependant il a exigé deux obligations; l'une du 9 Aouft de 3000 liv. l'autre du 3 Octobre de la fomme de 3300 liv. que pour un délay de trois mois, il avoit exigé un Billet d'interefts des interefts, qu'ils efperoient n'avoir plus affaire à lui, mais que leurs befoins continuant, ils avoient emprunté de lui cejourd'hui feize Loüis d'or & une Action de la Compagnie des Indes, qui ne vaut que 1305 liv. qu'ils lui avoient paffé le même jour une Obligation de 8823 liv. 7 f. pour un principal de 4800 & quelques livres.

Il paroît que cette plainte n'avoit pas été bien refléchie; car elle fupofoit que les interefts avoient été compris dans les obligations de 1728. & ces interefts auroient excedé le double pour une année feulement; car fuivant les Sieur & Dame Manfard, ils n'auroient reçû que 3050 l. Les deux obligations font de 6300 liv. elles n'ont point la même date; l'une eft du 9 Aouft, l'autre du 3 Octobre, elles étoient payables en 1729. il n'y a pas pour un billet feulement, mais il y en avoit huit, qui montoient à 2200 liv.

L'obligation du 19 Aouft 1730. jour de la premiere plainte, n'eft pas, comme l'énonce la plainte, de 8823 liv. 7 f. mais de 7362 liv. & ce qui eft encore plus groffier, c'eft que les Plaignans fupofent qu'ils n'ont reçû en totalité que 4800 & quelques livres, pour raifon de quoi ils fe feroient reconnus débiteurs de 8823 liv. 7 f. cependant au jour de la plainte, les Sieur & Dame Manfard étoient débiteurs envers le fieur de la Chapelle d'une fomme de 15862 liv. fçavoir, 8500 liv. fuivant l'arrefté de compte du 23 May 1730. & 7362 liv. portées par l'obligation du 19 Aouft de la même année. Ce font ces fupofitions groffieres qui ont produit dans la fuite les contradictions fans nombre qui fe trouvent dans la défenfe des Sieur & Dame Manfard, compagnes inféparables du menfonge.

Cette plainte a été tenue fecrete parce que les Sieur & Dame Manfard efperoient obtenir du fieur de la Chapelle de nouveaux emprunts ; ils n'en vouloient faire ufage que quand toute efperance feroit perdue de pouvoir tirer de nouvelles fommes du fieur de la Chapelle ; enforte que l'on va voir les Sieur & Dame Manfard tenir une conduite, dont aucun avanturier, tel qu'il foit, n'a point encore fourni d'exemple ; une alternative de bons repas donnés, de politeffes, d'honnêtetez, d'honnestés, de nouvelles obligations , & de nouvelles plaintes.

Le 5 Septembre obligation de la somme de 3000 liv.

Le même jour seconde Plainte, par laquelle les Sieur & Dame Mansard exposent que malgré les usures criantes que le sieur de la Chapelle exerce envers eux, qu'ils avoient été encore obligez de recoutir à lui, & que pour une action de la Compagnie des Indes qu'il leur avoit donné, il avoit exigé une obligation de la somme de 3000 l.

Le 12 Septembre autre obligation de la somme de 14400 liv. pour raison de laquelle le sieur de la Chapelle a remis aux Sieur & Dame Mansard les huit billets montans à 2200 liv. l'obligation de 7362 liv. & celle de 3000 liv. cela est si vrai que ces billets & obligations se trouvent entre les mains des Sieur & Dame Mansard, les uns déchirez, la signature des autres bâtonnée, & cette obligation du 12 Septembre ne reserve que les deux obligations de 1728.

Le même jour 12 Septembre, troisiéme plainte des Sieur & Dame Mansard, par laquelle après avoir allegué leurs besoins pour excuser, s'il étoit possible, leur conduite, ils disent que le sieur de la Chapelle étoit plus moderé dans les premiers prêts, mais que dans ces derniers il triploit son principal en moins d'un an ; que le jour de la plainte il leur avoit fourni une Action de la Compagnie des Indes qui avoit été évaluée sur le pied de plus de 4000 liv. que pour 3560 liv. d'argent, & trois Actions de la Compagnie des Indes qui ne valoient pas 4000 liv. il s'étoit fait des titres de créances sur eux pour plus de 20700 l. ils terminent cette plainte, en disant que malgré ces usures affreuses le sieur de la Chapelle étoit tous les jours chez eux à boire & à manger, & qu'il vouloit encore exiger un present d'une robe de toille.

Heureusement que les Sieur & Dame Mansard ont produit les billets & obligations qui leur ont été remis lors de l'obligation du 12 Septembre ; par un simple calcul il est facile de les convaincre de mensonge; les billets remis & les deux obligations rendues montent à 12562 liv. Il n'est donc pas possible en suposant que le Sr de la Chapelle leur auroit prêté le 12 Septembre une Action de la Compagnie des Indes, qu'elle eût été évaluée plus de 4000 liv. parce que l'obligation du 12 Septembre n'est que de 14400 liv. il leur a été rendu des billets & obligations pour 12562 l. il n'a fallu fournir que 1838 l. pour composer les 14400 l. avec la remise des billets & obligations.

Cette troisiéme plainte à eu le même sort que les deux premieres ; elle a été gardée en poche, dans l'esperance que la Dame Mansard parviendroit encore à obtenir quelques emprunts du sieur de la Chapelle ; ces plaintes étoient des especes de pierre d'attente, sur lesquelles on devoit fonder l'accusation destinée à servir de quittance des sommes empruntées, ou du moins qui pourroit differer le payement pendant long-tems, & mettre le créancier hors d'état de poursuivre son payement.

La Dame Mansard s'est servie des mêmes armes qui lui avoient réussi jusques-là ; elle continuoit de regaler le sieur de la Chapelle : à la suite du dîner elle le faisoit passer dans son cabinet ; mais les 10700 liv. déja prêtées, retranchées de la fortune du sieur de la Chapelle, le mettoient dans l'impuiſſance de ſatisfaire les deſirs de la Dame Manſard, quoiqu'elle eût pris la précaution de tenir l'obligation toute dreſſée & prête à eſtre délivrée : elle étoit du 19 Septembre pour la ſomme de 4500 liv.

Le même jour les Sieur & Dame Manſard avoient eu ſoin de rendre la quatriéme plainte, par laquelle ils ont expoſé que le ſieur de la Chapelle leur avoit donné une Action de la Compagnie des Indes, & qu'il avoit exigé d'eux une obligation de la ſomme de 4500 liv.

Par l'évenement, cette obligation du 19 Septembre & la plainte, ſe ſont trouvées inutiles : le ſieur de la Chapelle n'ayant point prêté les 4500 liv. ni fourni l'Action, les Sieur & Dame Manſard ne lui ont point délivré l'obligation du 19 Septembre : ils l'ont déchirée, & la repreſentent déchirée.

Ce refus du ſieur de la Chapelle lui a attiré bien des reproches, auſquels l'on a crû qu'il étoit ſenſible : l'on a continué de le regaler ; après le repas nouvelles converſations particulieres dans le cabinet de la Dame Manſard ; le 26 Septembre elle a crû qu'elle parviendroit à réparer la tentative du 19, & qu'elle engageroit le ſieur de la Chapelle à lui preſter une ſomme de 9000 liv. mais la même impuiſſance ſubſiſtoit toujours, & tous les efforts de la Dame Manſard ne purent obtenir qu'une Action de la Compagnie des Indes ; c'eſt la ſeule qu'il ait fourni aux Sieur & Dame Manſard, il la leur a donné ſur le pied de 2800 liv.

Pour ne point paſſer une nouvelle obligation, la Dame Manſard crut qu'elle pouvoit délivrer au ſieur de la Chapelle l'obligation du 26 Septembre de la ſomme de 9000 liv. en donnant par lui un billet qu'elle ne vaudroit que pour la ſomme de 2800 liv. Cette maniere de contracter diſpenſoit de paſſer une nouvelle obligation ; il y en avoit déja qui n'avoient point produit leur effet, & qu'il avoit fallu ſupprimer, & les Sieur & Dame Manſard trouvoient encore un autre avantage, en ce que s'ils parvenoient, comme ils l'eſperoient, à engager le ſieur de la Chapelle à leur preſter les 7200 liv. il n'auroit point été neceſſaire d'une nouvelle obligation, mais il auroit ſuffi de rendre la contre-lettre.

Le même jour les Sieur & Dame Manſard avoient rendu la cinquiéme plainte, par laquelle ils expoſent qu'il leur a été fourni une Action de la Compagnie des Indes ſur le pied de 4500 liv. dont ils avoient paſſé une obligation pareille à celle du 19 Septembre, malheureuſement pour les Sieur & Dame Manſard, les négociations n'ont point été telles qu'ils les avoient projetté les 19 & 26 Septembre : l'obligation du 19 Septembre eſt demeurée inutile : l'obligation ſuprimée, & le 26, il n'avoit été délivré qu'une Action ſur le pied de 2800 liv.

Enfin les Sieur & Dame Manſard ont fait une derniere tentative pour obtenir encore quelque emprunt du ſieur de la Chapelle, tous leurs efforts dans la ſituation où ſe trouvoit le ſieur de la Chapelle, ſe ſont reduits à leur prêter une ſomme de 200 liv. dont ils lui ont fait un billet ſolidaire.

La modicité de ce dernier preſt annonçoit ſuffiſamment aux Sieur & Dame Manſard qu'il n'étoit plus poſſible d'eſperer aucun emprunt du ſieur de la Chapelle; c'eſt ce qui les a déterminez à pourſuivre ſur les plaintes qu'ils avoient renduës pour prévenir les demandes que le ſieur de la Chapelle ne manqueroit pas de former pour obtenir le payement des 23700 liv. qu'il avoit preſtées, ſçavoir 3000 liv. par l'obligation du 9 Aouſt 1728. 3300 liv. par celle du 3 Octobre de la même année, 14400 liv. par celle du 12 Septembre 1730. 2800 liv. à quoi ſe trouve reduite l'obligation du 26 Septembre, au moyen de la contre-lettre donnée, & 200 liv. par le billet du 13 Octobre 1730. C'eſt où ſe réduiſent les creances du ſieur de la Chapelle.

Il ne s'agiſſoit plus que de trouver des témoins pour dépoſer en faveur des Sieur & Dame Manſard; ils ont pratiqué les mêmes ruſes qui leur avoient réuſſi pour engager le ſieur de la Chapelle à prêter, ils ont bien regalé le ſieur de la Chapelle avec ceux qui étoient choiſis pour dépoſer. Après le repas la Dame Manſard a emmené le ſieur de la Chapelle dans ſon cabinet: ils ont converſé enſemble, & les ſix conviez des Sieur & Dame Manſard rendent compte de la converſation qu'ils diſent avoir entenduë.

Il ne faut pas croire que les ſix convives commenſaux des Sieur & Dame Manſard, choiſis pour dépoſer, ſoient gens diſtinguez, l'un eſt le nommé Chemin Comedien, chaſſé de la Troupe, l'autre un Chanoine de S. Etienne de Troyes, une veuve d'un homme inconnu, & trois ſe diſans Bourgeois de Paris.

Le premier témoin qui eſt le nommé Chemin, prétend qu'il a été uſuré par le ſieur de la Chapelle. Il s'eſt depuis rendu partie. Il ſera facile de convaincre ce témoin d'impoſture.

Le ſecond témoin, c'eſt la Gervais. Elle dit que c'eſt elle qui a engagé le ſieur de la Chapelle à prêter aux Sieur & Dame Manſard que pour 1500 liv. Il exigeoit une obligation de 3000 liv. & pour 400 liv. un billet de 600 liv.

Ce témoin s'eſt bien aperçû que l'on pouroit prouver la fauſſeté des depoſitions par les actes, elle a ajouté qu'elle n'étoit pas bien certaine des faits qu'elle débitoit.

Le troiſiéme témoin, dit qu'il connoît le ſieur de la Chapelle pour un grand uſurier. Dans le cours de l'inſtruction, la connoiſſance de ce témoin, ſi préciſément atteſtée, s'eſt trouvée reduite à ce que ce témoin en avoit apris des Sieur & Dame Manſard.

Tout le ſurplus des dépoſitions des témoins, n'eſt qu'une eſpece de recit de la converſation entre le ſieur de la Chapelle & la Dame Manſard. C'eſt la même converſation donc ces témoins font le recit, excepté le cinquiéme témoin, qui parle d'une autre converſation tenuë 10 à 12 jours avant ſa dépoſition.

Les cinq témoins qui parlent de la même converſation devroient eſtre uniformes dans leur recit. Cependant les differences ſont eſſentielles. Les uns diſent que c'eſt le ſieur de la Chapelle qui propoſoit à la Dame Manſard de s'accommoder, qu'il demandoit la reſtitution des Actions qu'il avoit prêtées, & une au-pardeſſus pour ſon profit;

propofition qui ne peut eftre veritable, puifque de l'aveu même des Sieur & Dame Manfard il y a eu des deniers comptans prêtez.

Les autres font faire la propofition par la Dame Manfard, & les offres fupofées font toutes differentes. L'un dit que c'eft une rente viagere qu'elle offroit: un autre dit que c'étoit la reftitution des cinq Actions: il y en a qui ajoutent des deniers comptans, les uns 3000 liv. les autres augmentent de deux autres fommes, l'une de 150 liv. les autres de 100 piftoles. Il eft étonnant que des dépofitions concertées entre des convives qui fe raffembloient fouvent, foient fi differentes fur les mêmes faits.

Ce qui augmente la furprife, c'eft que le fixiéme témoin qui eft le Chanoine de Troyes, avoit pris un tems confiderable pour aprendre fa dépofition, il l'a affez bien recitée: fa memoire n'a point été infidele, mais le jugement lui a manqué. Il dépofe que le jour d'hier, de même que les trois & quatriéme témoins qui ont dépofé le 30 Septembre, mais ce Chanoine n'a dépofé que le 21 Novembre. Il y avoit long tems que le jour d'hier étoit paffé.

Une information fi peu concluante, compofée de témoins fufpects & mal affortis, un Comedien, un Chanoine, une veuve, trois Bourgeois de Paris, qui ne rendent compte que d'une converfation fupofée entre l'accufatrice & l'accufé, a été néanmoins decreté de prife de corps, en vertu duquel le fieur de la Chapelle a été arrefté à l'âge de 85 ans, & conftitué prifonnier.

Pour acquerir des preuves, l'on a fait apofer les fcellez fur tous les effets du fieur de la Chapelle, tant à Paris qu'à la campagne.

Les Accufateurs demeuroient tranquilles: ils étoient bien perfuadez que leur accufation étoit calomnieufe; ils n'avoient point interêt de l'inftruire. Ils étoient parvenus où ils vouloient arriver: ils avoient mis le créancier hors d'état de pourfuivre le payement des fommes qu'il leur avoit prêtées: en forte que malgré les fommations réiterées qui leur ont été faites de faire proceder à l'inftruction du procès, configner les deniers pour la levée des fcellez, le fieur de la Chapelle a été obligé de faire toutes les avances, fans quoi il feroit encore dans les fers. Quelle conduite pour des Accufateurs!

Le fieur de la Chapelle a été interrogé, il a rendu un compte exact de fa conduite, il a déclaré qu'il n'étoit porteur que de quatre obligations & d'un billet de 200 liv. confentis par les fieur & Dame Manfard, il les a reprefentés, il a affirmé qu'il avoit fourni les deniers des obligations des neuf & trois Octobre 1728. & douze Septembre 1730. & du billet, que pour celle du 26 Septembre il avoit donné une contre-lettre aux fieur & Dame Manfard, qui réduifoit cette obligation à 2800 liv. qui étoit le prix d'une action qu'il leur avoit délivré; il a indiqué les autres débiteurs qu'il avoit par leurs noms & par leur qualité, dont la conduite & la réputation font bien differentes de celles des fieur & Dame Manfard, il a affuré qu'aucun de fes débiteurs ne fe plaindroit qu'il les eût ufuré.

L'on a procedé à la levée des fcellez, tant à Paris qu'à la campagne; l'on a examiné tous les papiers avec une exactitude très fcrupuleufe,

9

leufe, il a été dreffé un procès verbal très-ample , avec toutes ces grandes précautions l'on n'a trouvé que deux lettres , dont les accufateurs ont cru qu'ils pouroient tirer quelqu'avantage , ils les ont fait tranfcrire dans le procès verbal.

L'une eft écrite il y a vingt ans par le fieur Gravadel, Receveur des tailles de Laon, au fieur de la Chapelle fon beau-frere, par laquelle il le prie de trouver bon qu'il le rembourfe, parce qu'ayant des deniers oififs il voudroit bien fe décharger d'une dette qui porte interefts, il le fuplie d'agréer ce remboursfement. Voici les termes qui fuivent cette fuplication : *Je ne m'écarterai jamais envers vous des mefures de bienféance & d'honneftetés pour que nous foyons enfemble le refte de nos jours comme nous avons toujours été.*

Cette lettre feule fuffifoit pour faire prononcer la décharge du fieur de la Chapelle : on n'écrit point en ces termes à un ufurier, on ne lui demande point la permiffion de le rembourfer, l'on fort d'affaire avec lui le plus promptement que l'on peut ; un ufurier n'eft point fâché de voir rentrer fes fonds , fur tout quand ce font des dettes de famille qui procedent des arrangemens de famille qui n'excedent jamais le taux de l'Ordonnance ; un ufurier va au devant du remboursfement ; ici ce n'eft point le creancier qui exigeoit le remboursfement, c'eft le débiteur qui l'offre , & qui prie inftamment le creancier de l'accepter ; toutes ces circonftances fe réuniffent pour juftifier l'accufé.

La feconde lettre n'a point de date, elle eft écrite par une femme qui demande fi le fieur de la Chapelle veut prêter 6000 livres pour un tems, il n'eft point parlé d'interefts.

Ces deux lettres prouvent que le fieur de la Chapelle confervoit fes papiers mêmes les plus inutiles, cependant on n'a rien trouvé qui puiffe faire foupçonner de l'ufure.

L'on a ordonné le recollement & la confrontation, ce qui a été executé. Pour éloigner le jugement du procès, le nommé Chemin, qui étoit le premier témoin de l'information des fieur & Dame Manfard, s'eft avifé de prefenter fa Requefte d'intervention ; c'eft en cet état qu'après l'interrogatoire du fieur de la Chapelle eft intervenue , fur les conclufions du Subftitut de Monfieur le Procureur General, la Sentence du 21 Février 1731. qui fur les plaintes & accufations de Jacques Hardouin Manfard & Magdeleine Dugny fa femme, & fur la Requefte de Chemin met les parties hors de Cour , dépens compenfés.

Apel refpectivement interjetté par les parties.

Le fieur de la Chapelle eft Appellant, en ce qu'il n'a point été déchargé de l'accufation, & en ce qu'il ne lui a point été adjugé des dommages & interefts proportionnés à l'injure , avec tous les dépens, il demande qu'en infirmant la Sentence en ces chefs, il plaife à la Cour le décharger de l'accufation, ordonner que fon écrouë fera rayé & biffé avec 10000 livres de dommages & interefts, & tous les dépens ; il demande le payement des 23700 portée par les obligations & billets avec les interefts du jour de la demande.

Les sieur & Dame Mansard & le nommé Chemin, sont Appellans de la même Sentence, & incidemment ils ont obtenu des lettres de rescision contre les obligations qu'ils ont consenties au profit du sieur de la Chapelle, dont ils demandent l'entherinement.

De la part des sieur & Dame Mansard, il y a des offres de payer au sieur de la Chapelle la somme de 11000 livres, ils demandent d'être déchargés du surplus; l'affaire paroissoit civilisée, l'on avoit conclu le procès, il avoit été distribué en la maniere ordinaire; ces sortes d'affaires se jugent sans passer au Parquet, parce que la Sentence d'absolution prononcée sur les conclusions des Gens du Roi, leur ministere est consommé; mais comme l'interest des accusateurs est d'éloigner le jugement, à l'effet de ne point payer ce qu'ils doivent, ils ont trouvé le secret d'engager M. le Procureur General à interjetter apel *à minimâ*, qui conclut sur son apel, à ce qu'il soit amplement informé pendant trois mois; tels sont les differens objets sur lesquels la Cour doit prononcer.

Le sieur de la Chapelle a un grand avantage, c'est que malgré les intrigues de ses accusateurs, malgré l'instruction la plus ample que l'on puisse désirer, son innocence a triomphé de la calomnie, toutes les preuves sont insuffisantes pour le condamner, l'on désire de nouvelles preuves: Quelles pouroient être ces preuves? c'est une nouvelle information.

Suivant les Jurisconsultes, quatre differentes preuves concourent pour faire condamner un usurier.

Sa réputation.

Sa maniere d'agir, c'est ce qu'ils expriment par ces termes, *ut solitus sit fœnerari*.

Ses livres & papiers domestiques.

La religion de son serment.

Ces quatre differentes preuves se trouvent épuisées; par l'evenement, elles n'ont servi qu'à demontrer l'innocence du sieur de la Chapelle.

Certainement, c'est une grande preuve en faveur d'un accusé, que d'avoir conservé une réputation saine & entiere, jusqu'à l'âge de quatre-vingt cinq ans, jusques-là personne ne s'est plaint du sieur de la Chapelle.

Si l'on faisoit le paralelle des accusateurs & de l'accusé, il en resulteroit une difference si grande, qu'elle devroit seule déterminer la décision.

Le sieur de la Chapelle a mené une vie unie, par une sage économie, il a augmenté sa fortune; au contraire le sieur Mansard né avec une fortune immense, avoit été élevé jusques aux premieres Charges de la Magistrature; déchu des postes honorables qu'il a rempli, il ne lui reste que la qualité de mari de Magdeleine Dugny, dont les avantures sont si publiques que personne ne les ignore.

Peut-être que l'on pensera que l'usure seule pouvoit engager à prêter aux sieur & Dame Mansard, si décriés dans le public par le dérangement de leurs conduites & de leurs affaires, & dont la fortune pouvoit ne pas suffire au grand nombre de dettes, il semble qu'il n'y ait que l'apas d'un gain confiderable & illicite qui pût déterminer le fieur de la Chapelle à leur prêter une fomme de 23700 livres ; mais l'on penfera autrement fi l'on fait attention à la maniere de vivre du fieur de la Chapelle & à la féduction mife en œuvre pour l'engager à prêter fon argent.

Le fieur de la Chapelle avoit mené une vie privée ; & de l'aveu des accufateurs très-économe, il s'eft vû tout d'un coup admis à la table du Comte & de la Comteffe de Sagonne. Par la troifiéme plainte datée du 12 Septembre, les accufateurs expofent que le fieur de la Chapelle étoit tous les jours chez eux, à boire & à manger, & pour comble de faveur il étoit introduit par la Comteffe de Sagonne dans fon cabinet, à l'exclufion des autres convives ; les témoins atteftent ce fait ; c'eft là où l'on déterminoit le fieur de la Chapelle à prêter fon argent ; il n'en falloit pas davantage pour féduire un bon homme de quatre-vingt cinq ans. Un ufurier n'eft pas à beaucoup près fi dupe, les repas, les careffes, ne délient point les cordons de fa bourfe, quelque grand que foit le profit de la ftipulation ; la premiere chofe qu'il commence à demander, c'eft la fûreté, parce que fans la fûreté du prêt non-feulement il n'y a point de profit, mais la perte eft certaine.

Il ne paroît pas que le fieur de la Chapelle féduit par la bonne chere & par les careffes, fe foit fort embarraffé des fûretés ; l'on voit qu'il a prêté en 1728. 6300 livres par deux obligations, l'une du 9 Aouft, l'autre du 3 Octobre, aucunes fûretés promifes dans ces obligations, de même pour les 2200 livres de billets, c'eft après les délais échûs, après les commandemens faits pour obtenir le payement des fommes prêtées, que pour obtenir furféance, les fieur & Dame Manfard fe font obligés par l'acte du 3 Mai 1730. de remettre au fieur de la Chapelle pour 20000 livres de contrats fur l'Hôtel-de-Ville ; ce ne font point là certainement les démarches d'un ufurier.

Inutilement pour excufer l'inexecution de cette convention, les fieur & Dame Manfard difent, que le fieur de la Chapelle ne vouloit donner que 3000 livres des 20000 livres de contrats fur la Ville, les actes démentent ces difcours, il n'eft point écrit dans l'acte du 3 Mai 1730. que le fieur de la Chapelle prendra ces contrats en payement, mais il eft dit fimplement, qu'ils ferviront de fûreté des 8500 livres déja prêtées, & jufqu'à prefent il ne paroît point que les fieur & Dame Manfard ayent été en état de fournir cette fûreté, cela eft bien éloigné d'en faire la vente.

L'on oppofe cette multiplicité d'obligations paffées entre les parties : pour en groffir le nombre, l'on a ramaffé celles qui avoient été déchirées, dont les fragmens fe trouvent entre les mains des débiteurs, & dans ce nombre il y en a qui font demeurés fans effet, & dont le fieur de la Chapelle n'a jamais été nantie, l'on fait le compte de toutes ces obligations & des billets qui montent à 53000 livres l'on prétend que cette maniere extraordinaire de contracter, prouve l'ufure, l'on eft même entré dans des calculs, & à force de raifonnemens obfcurs, l'on a crû que l'on perfuaderoit qu'il y a de l'ufure ;

parce que les sieur & Dame Mansard, qui dans toutes leurs manie-
res sont incomprehensibles, se sont imaginés que les Juges ne pouroient sortir du labyrinte, où ils voudroient les faire entrer, s'ils ne
pensoient que le sieur de la Chapelle est usurier.

Ces détours artificieux sont trop grossiers pour s'y laisser surpren-
dre, parce que pour imputer au sieur de la Chapelle cette maniere
extraordinaire de contracter, il faudroit prouver qu'il a dépendu de
lui de contracter autrement, que pendant plus de soixante ans de majorité, il a contracté avec d'autres de la même maniere, sans ces
preuves; le dérangement des affaires des sieur & Dame Mansard,
aujourd'hui très-connu, ne se metamorphosera point en preuves contre le sieur de la Chapelle.

C'est une preuve tout à fait singuliere, que celle tirée du grand
nombre des obligations dont une partie se trouve lacerée & bâtonnée entre les mains des débiteurs, & dont le créancier n'a jamais
été en état d'abuser; si l'on fait consister l'usure en ce que les sieur &
Dame Mansard ont signé pour 53000 livres de billets & d'obligations au profit du sieur de la Chapelle, quoique réellement il n'ait
prêté que 23700 livres, en ce cas-la réponse est prompte; jamais le
sieur de la Chapelle n'a demandé le payement des 53000 livres, il
n'a jamais été en état de les demander, puisque les obligations ont
été bâtonnées & lacerées, & qu'elles sont restées entre les mains des
sieur & Dame Mansard, bâtonnées & lacerées. Cela est si vrai, qu'ils
ont jugé à propos de les produire en la Cour.

Il est donc vrai, que le sieur de la Chapelle n'a jamais demandé
que les 23700 livres, & il est également vrai qu'il n'a jamais été en
état de demander une plus grande somme.

Ainsi cette multiplicité d'obligations ne peut être imputée
qu'aux sieur & Dame Mansard, qui auroient encore voulu emprun-
ter de plus grandes sommes, si le sieur de la Chapelle en avoit eu la
volonté & le pouvoir.

Ce qui prouve encore la même verité, c'est cette succession de
plaintes, & d'emprunts, il est inconcevable que des gens qui auroient
été fortement usurés, jusques là que pour 1500 livres on leur auroit
fait consentir une obligation de 3000 livres, & dont l'on auroit encore exigé des interests, continuent de régaler le prétendu usurier,
& qu'à force de repas & de caresses ils l'engagent à prêter de nouvelles sommes, que dans un intervalle du 26 Aoust jusqu'au 26 Septembre de la même année, il se trouve cinq plaintes & quatre differens
emprunts. une conduite si affreuse doit-elle rendre le sieur de la
Chapelle criminel.

Les emprunts posterieurs aux plaintes, sont de veritables désiste-
mens, c'est reconnoître la calomnie des plaintes que de continuer à
régaler & à caresser le creancier pour l'engager à prêter de nouvelles
sommes.

Non seulement on ne peut excuser cette vicissitude, mais la simple comparaison des plaintes avec les actes, démontre la fausseté des
plaintes.   Dans

Dans la plainte du 19 Aouſt, les ſieur & Dame Manſard ſe plaignent qu'ils ont conſenti le même jour une obligation au profit du ſieur de la Chapelle de 8823 livres 7 ſ. l'obligation de ce jour n'eſt que de 7362 livres. Premiere fauſſeté.

Dans la plainte du 12 Septembre, les ſieur & Dame Manſard expoſent que le ſieur de la Chapelle a fait entrer dans l'obligation du même jour une action de la Compagnie des Indes, évaluée à plus de 4000 livres; le ſimple calcul des billets & des deux obligations qui ont été fondus dans cette obligation de 14400 livres & qui montent à 12562 livres, prouvent que cela eſt impoſſible. Seconde fauſſeté.

Dans la plainte du 5 Septembre les ſieur & Dame Manſard diſent, que le ſieur de la Chapelle leur a donné une action de la Compagnie des Indes, & qu'il a exigé une obligation de 4500 livres; par l'évenement le ſieur de la Chapelle ne fut point en état de prêter les 4500 liv. l'obligation ne lui fut point délivrée; cela eſt ſi vrai que les ſieur & Dame Manſard la repreſentent déchirée. Troiſiéme fauſſeté.

Dans la plainte du 26 Septembre les ſieur & Dame Manſard expoſent, que le ſieur de la Chapelle leur a donné une action de la Compagnie des Indes, & qu'il a exigé une obligation pour la ſomme de 4500 livres, l'obligation du même jour eſt de 9000 livres, & non pas ſimplement de 4500 livres. Quatriéme fauſſeté.

A la verité cette obligation eſt entre les mains du ſieur de la Chapelle; mais les ſieur & Dame Manſard ſont nantis d'une contre-lettre, qui porte; que cette obligation ne tient lieu entre ſes mains que de 2800 livres, qu'en lui payant les 2800 livres il ſera obligé de remettre l'obligation. Preuve de la cinquiéme fauſſeté.

Dès le premier interrogatoire, le ſieur de la Chapelle a déclaré & certifié qu'il n'étoit porteur que de quatre obligations & d'un billet, que l'obligation du 26 Septembre, aux termes de la contre lettre par lui donnée étoit réduite à 2800 livres, à quoi avoit été évalué une action de la Compagnie des Indes qu'il avoit délivrée aux ſieur & Dame Manſard.

Lors de cet Interrogatoire, l'accuſé n'avoit point encore connoiſſance de l'expoſé des plaintes ni des dépoſitions des témoins, le ſieur de la Chapelle ne pouvoit prévoir l'effet de ſes réponſes, que la verité ſeule déterminoit; il paroiſſoit que cet aveu pouvoit lui préjudicier; & un homme qui ſe ſeroit ſenti coupable n'auroit fait que des réponſes generales, & s'en ſeroit tenu à la preuve réſultante des actes dont il étoit porteur; cependant les ſieur & Dame Manſard qui s'apperçoivent que les réponſes ſinceres du ſieur de la Chapelle détruiſent leurs plaintes, prétendent qu'il a trahi la verité, en ce qu'il a ſoutenu qu'il n'y avoit point d'obligation paſſée le trois Mai 1730. & que la contre-lettre eſt une ſubtilité imaginée pour diminuer les uſures exceſſives.

Les ſieur & Dame Manſard ont produit l'acte du 3 Mai 1730. il ſe trouve que cet acte n'eſt point une obligation, mais ſimplement une ſurſéance aux pourſuites, au moyen d'une ſûreté promiſe: par conſéquent le ſieur de la Chapelle a dit vrai quand il a répondu qu'il n'étoit porteur que des quatre obligations qu'il reprefentoit.

Les fieur & Dame Manfard dénient la verité de cette contre-lettre, parce qu'il n'eft pas au pouvoir du fieur de la Chapelle de la reprefenter ; mais trois circonftances doivent affurer la verité de ce fait.

L'une, le fieur de la Chapelle l'a affirmé veritable.

L'autre, le fieur de la Chapelle ne demande & n'a jamais demandé que le payement des 2800 livres pour ce qui lui étoit dû de cette obligation.

La troifiéme, c'eft que fi la verité n'avoit pas fait parler le fieur de la Chapelle, il auroit pû fe difpenfer de déclarer que c'étoit une action de la Compagnie des Indes qu'il avoit donné pour 2800 livres, il n'auroit pas été obligé de dire qu'elle lui coûtoit plus qu'il ne l'avoit vendue ; ainfi dans la déclaration du fieur de la Chapelle l'on y découvre une fincerité naturelle & fans fard que tous les difcours des fieur & Dame Manfard ne pourront obfcurcir.

L'on peut prefentement méprifer les exclamations des fieur & Dame Manfard fur la multiplicité des obligations dont ils s'imaginent que l'on ne peut trouver la caufe qu'en fupofant une ufure monftrueufe ; une accufation grave, demande des preuves claires comme le jour, l'on en exclut toujours les préfomptions, & encore plus les fupofitions.

Un peu d'attention fur la conduite des parties, fur leur maniere d'agir, fur leur fituation, fait aifément penetrer le myftere que les fieur & Dame Manfard croyent impenetrable ; l'on découvre un vieillard obfedé & féduit par des gens artificieux, dont la vie eft romanefque, qui vouloient devenir les heritiers du vieillard, qui à force de repas & de careffes l'ont engagé de leur confier une partie de fa fortune, qui n'ayant pû parvenir à le rendre liberal, lui font un procès pour ne lui point payer ce qu'ils lui doivent, & pour fe garantir de fes pourfuites : voilà le myftere que les fieur & Dame Manfard s'imaginent être impenetrable, qui neanmoins ceffe d'être myftere, quand on fait attention aux voyes pratiquées pour engager le fieur de la Chapelle à prêter au Comte & à la Comteffe de Sagonne.

Les livres & papiers fourniffent des preuves contre l'ufurier ; il a été obfervé, que les fieur & Dame Manfard avoient fait apofer les fcellés à Paris & à la campagne fur tous les effets du fieur de la Chapelle ; les papiers ont été foigneufement examinés ; il ne s'eft rien trouvé qui puiffe, l'on ne dit pas prouver, mais faire foupçonner que le fieur de la Chapelle fit le métier d'un ufurier.

L'on a fait tranfcrire dans le procès verbal deux lettres qui prouvent l'exactitude des recherches, & non pas l'ufure ; au contraire l'on a fait voir que ces lettres contribuent à juftifier le fieur de la Chapelle.

Quand il y a de l'ufure, non-feulement l'on en découvre les preuves dans les regiftres & papiers de l'ufurier ; ces preuves fe concilient avec les plaintes des accufateurs qui expofent naturellement fur quel pied l'argent leur a été prêté ; il fe trouve une juftefse parfaite dans le calcul de la fomme prêtée, & des interefts exigés avec le délai accordé pour le payement. Or jamais les sieur & Dame Mansard, malgré toute leur aplication & leur duplicité n'ont jamais pû parvenir à former un calcul juste & conforme à leurs plaintes, parce qu'elles se contrarient toutes. Enfin au défaut de preuves, il reste une derniere ressource à ceux qui se plaignent d'avoir été usurés, c'est de faire affirmer l'accusé que les actes dont il est porteur, sont serieux & veritables, & qu'il en a fourni la valeur; or c'est ce que le sieur de la Chapelle a fait lors des deux interrogatoires.

Inutilement les sieur & Dame Mansard offrent d'affirmer qu'ils n'ont reçû du sieur de la Chapelle que la somme de 11000 liv. Nous aprenons de M. Dolive livre 4 chap. 19 que suivant la jurisprudence l'on ne refere le serment en matiere d'usure aux accusateurs que quand l'accusé refuse d'affirmer; or le sieur de la Chapelle n'a point refusé d'affirmer; son affirmation a été faite & réiterée; c'est donc le cas d'apliquer la décision de la loi 3 p. 1. ff. *De jur jur. quacumque actione quis conveniatur, si juraverit proficiet ei jus jurandum sive in personam, sive in rem, sive in factum, sive penali actione vel quavis alia agatur, sive de interdicto.* Le sieur de la Chapelle est porteur d'actes, qui par eux mêmes doivent faire foi en justice, & il a affirmé que la somme de 23700 livres par lui demandée lui étoit bien & ligitimement dûe, & qu'il l'avoit prêtée aux sieur & Dame Mansard.

Ce qui favorise encore les plaintes des Accusateurs en crime d'usure; c'est que plusieurs Debiteurs du même Accusé se joignent aux Accusateurs, pour prouver qu'ils ont été usurés de tous les Debiteurs du sieur de la Chapelle: les sieur & Dame Mansard n'ont pû corrompre que le nommé Chemin, ils en avoient fait un témoin, ensuite il s'est rendu Partie.

La calomnie de son Accusation est encore plus évidente que celle des sieur & Dame Mansard, parce qu'elle n'a pas été si long-tems méditée.

Le sieur de la Chapelle étoit en pension chez la Duclos pendant son sejour à Paris, où il ne passe que trois mois de l'année; il donnoit de l'argent à compte, & même il en prêtoit à la Duclos quand elle en avoit besoin.

La Duclos a depuis épousé le nommé Chemin, le sieur de la Chapelle a prêté au mari & à la femme differentes sommes pour acheter des habits pour la Comédie.

Le 15 Juillet 1729. les Parties ont compté. Par l'évenement du compte, toutes déductions faites des pensions, Chemin & sa femme se sont trouvés Débiteurs du sieur de la Chapelle d'une somme de 5200 liv. dont ils lui ont promis de lui passer une Obligation solidaire.

En exécution de cette promesse, Chemin & sa femme ont consenti le 10 Septembre 1729. l'Obligation solidaire des 5200 liv. & il a été dit que l'arrêté de compte du 15 Juillet ne serviroit plus entre les mains du sieur de la Chapelle que de Quittance de ses nourritures & logemens.

Le 27 Juin 1730. Chemin & sa femme ont fait differentes délegations au profit du sieur de la Chapelle, pour lui faciliter son payement;

ma'gré les délegations , Chemin se hâtoit de recevoir , c'est ce qui engagea le sieur de la Chapelle de se pourvoir aux Requêtes du Palais, & d'obtenir Sentence de condamnation contre Chemin & sa femme de la somme de 5200 liv. d'une part, de celle de 300 liv. d'autre , & des interêts à compter du jour de la demande; & pour faciliter le payement , la Sentence ordonne la délivrance des deniers que le sieur de la Chapelle avoit fait saisir.

Chemin s'est pourvû par Apel, il a surpris un Arrest de deffenses , en vertu duquel il a touché une partie des deniers saisis ; depuis les deffenses ont été levées par d'autres Arrests, qui ont condamné Chemin & par corps , à raporter les deniers qu'il avoit touché au préjudice des saisies.

Il est difficile de trouver une créance mieux établie ; cependant malgré les comptes exactement faits entre les Parties, malgré les Actes réiterés , Chemin a articulé que le sieur de la Chapelle lui avoit fait signer la Quittance de ses pensions pour un Billet de 200 liv. qu'il avoit exigé 800 liv. d'intrerests par an d'une somme de 5000 liv.

Heureusement que le sieur de la Chapelle est demeuré nanti du compte des pensions, & que l'Obligation des 5200 livres, porte que ce compte ne servira plus entre les mains du sieur de la Chapelle que de Quittance des pensions & logemens ; il n'est donc pas possible que le sieur de la Chapelle ait fait signer au mari & à la femme la Quittance des pensions & logemens pour un billet de 200 liv.

L'Obligation des 5200 liv. est fondée sur un compte exact des sommes prêtées au-delà du payement des pensions, nulle preuve du prétendu payement des interests à raison de 800 liv. par an , la femme de Chemin obligée solidairement à l'Obligation des 5200 liv. a certifié pardevant Notaires , qu'il n'étoit entré aucuns interests dans l'Obligation des 5200 liv.

Le certificat de la femme doit certainement l'emporter sur les discours du mari , parce que la femme de Chemin acquitte la dette par l'exécution actuelle des délégations , au lieu que l'insolvabilité de Chemin rend les poursuites inutiles.

Ce qui acheve de confondre cet Imposteur , c'est que le 20 Fevrier 1730. il a rendu plainte contre sa femme qu'il accusoit de dissipation ; par cette plainte , il expose qu'il esperoit recevoir du sieur de la Chapelle une somme considerable pour ses pensions , mais que depuis 6 mois il a compté avec lui sur le Memoire fourni par le sieur de la Chapelle , que par l'évenement du compte, bienloin d'être Créancier du sieur de la Chapelle, il s'est trouvé son Debiteur d'une somme de 5000 l. par les sommes qu'il avoit prêté à la Demoiselle Chemin , il n'est donc pas vrai , de l'aveu même de l'Imposteur dans un exposé fait en justice que le sieur de la Chapelle ait surpris une Quittance de ses pensions & logemens, ni qu'il ait exigé 800 liv. d'interêts par an d'une somme de 5000 liv.

Cet Associé que les sieur & Dame Mansard ont choisi, & qui étoit un de ceux qui honoroit leur table ne servira qu'à les confondre.

Il est bien vrai que la calomnie de l'accusation du nommé Chemin

se

se démontre plus facilement que celle de l'accusation intentée par les sieur & Dame Manfard, mais il faut faire attention que Chemin quand il a contracté avec le sieur de la Chapelle, n'avoit pas conçû le projet de se liberer par une accusation d'usure, ce sont les sieur & Dame Manfard qui lui ont indiqué cette route, il y avoit long-tems que les Actes étoient passés, au lieu que les sieur & Dame Manfard avoient conçû ce dessein depuis long-tems, & même avant de passer les Actes, c'est pourquoi les Plaintes ont la même date que les Actes, l'on trouve un intervalle de tems assés considerable d'Actes & de Plaintes qui se succedent les uns aux autres ; c'est donc un dessein bien prémédité, ensorte qu'il est étonnant qu'avec l'esprit de la Dame Manfard, dont elle auroit pû faire un meilleur usage, la preuve de la calomnie ne se soit pas trouvée plus difficile, la calomnie de l'accusation étoit trop atroce pour ne pas l'appercevoir malgré les rares talens des Accusateurs.

L'on ne pouvoit donner une preuve plus certaine & plus éclatante de l'injustice & de la calomnie des accusations que les Lettres de rescision obtenuës par les Accusateurs dont ils demandent l'enterinement ; l'incompatibilité de ces actions est certaine, *Una electa altera perimitur,* ce principe est écrit dans la Loy 53. ff. *de Oblig. & Act.*

C'est sur le fondement de ce principe que l'Ordonnance de 1667. par l'Art. 2. du tit. 18. en déferant le choix des deux actions, ajoute, & s'il a choisi l'une de ces deux actions, il ne poura se servir de l'autre.

Ce contraste dans le procedé des Accusateurs justifie que tous leurs efforts ne tendent qu'à frustrer un Créancier de ce qui lui est dû légitimement, les sieur & Dame Manfard le font assez entendre dans leurs Griefs par ces expressions pathétiques ; ils ne veulent point la mort du Pécheur, mais la conversion, ils s'embarassent peu du sort de leur accusation, ils n'agissent que pour obtenir leur décharge.

Il étoit difficile de s'expliquer plus clairement, cela signifie en bon françois, que si le sieur de la Chapelle vouloit les gratifier de ce qu'il leur a trop facilement prêté, ils reconnoîtront qu'il est innocent du crime dont ils l'accusent témerairement & calomnieusement, & qu'ils seroient les premiers à publier sa probité & son desinterressement. Ce seroit acheter cherement des éloges que le Public mépriseroit, & qui ne serviroient qu'à faire soupçonner la conduite de celui qui les auroit mérité.

Avec toute l'attention dont l'on peut être capable, l'on ne découvrira point des moyens pour faire prononcer l'entérinement des Lettres de rescision.

Chemin dit qu'il étoit mineur, sans justifier sa prétendue minorité, quand on la supposeroit, un mineur n'est point restitué comme mineur, mais comme lezé, & les deniers prêtés par le sieur de la Chapelle ont été employez à acheter des habits pour la Comedie ; c'étoit un emploi nécessaire pour un Comedien, pour raison duquel il a pû valablement s'obliger même en minorité.

La femme de Chemin n'étoit point certainement mineure, elle a pû, autorisée de son mari, s'obliger pour raison du même employ, elle reconnoît la validité de l'engagement & l'exécute.

Il n'en est pas de même des sieur & Dame Mansard, ils ont contracté en pleine majorité, ils n'ont d'autres prétextes pour soutenir leurs Lettres de rescision que l'usure dont ils accusent témerairement le sieur de la Chapelle, ils ont été admis à la prouver, l'évenement a justifié la calomnie de leur accusation, par consequent les Lettres de rescision n'ont plus le moindre prétexte.

L'obtention de ces Lettres devoit naturellement garantir le sieur de la Chapelle de l'Apel *à minima* dont il a été long tems menacé, parce qu'il est très-extraordinaire que les mêmes Parties qui ont intenté une accusation très-grave, qui ont fait decreter & emprisonner l'accusé à l'âge de 85 ans, qui lui ont fait essuyer une instruction très-ample, pendant laquelle il a gardé prison, ne présente plus à la justice qu'une demande en enterinement de Lettres de rescision.

La consequence qu'il faut nécessairement tirer de l'Apel *à minima*, c'est que les Accusateurs n'ont point prouvé leur accusation, puisque l'effet de cet Apel, s'il étoit reçû, se termineroit à un plus amplement Informé; d'où il s'ensuit qu'il faut débouter les Accusateurs de leurs Lettres de rescision, l'on ne persuadera jamais que le public soit interressé au succès de ces Lettres; quoiqu'il en soit, l'on peut dire avec confiance qu'il est bien cruel d'être parvenu à l'âge de 89 années, & qu'un Apel *à minima* qui ne tend qu'à une plus ample information, retarde la justice que l'on ne pouroit refuser sans cet Apel, puisque le plus ample informé supose le deffaut de preuves.

Il est vrai que les premiers Juges par leur maniere de prononcer donnent lieu de douter de l'innocence du sieur de la Chapelle, ils ont mis simplement hors de Cour. C'est déja beaucoup pour un homme sans protection, d'avoir triomphé des ruses, des artifices, des intrigues & des sollicitations de ses Accusateurs : Ce n'est à la verité qu'une demie victoire, mais le sieur de la Chapelle espere que dans un auguste Tribunal inaccessible à la brigue & à la cabale dont les décisions sont toujours dictées par l'équité, sa victoire deviendra complette, qu'à l'âge de 89 ans on le dispensera de subir une plus ample instruction, que l'on lui laissera finir en paix une vie déja très longue, qu'une fatale connoissance sur la fin de ses jours lui a rendu bien amere.

Monsieur DE MONTHOLON, Raporteur.

Me DOULCET, Avocat.

BLONDEAU Proc.

De l'Imprimerie de la Veuve KNAPEN, rue de la Huchette, à l'Ange. 1735.